Impressum
Verlag: BABADADA GmbH, Nedderfeld 112 , 22529 Hamburg
Geschäftsführer / Verlagsleitung: Harald Hof
Druck: Books on Demand GmbH, In de Tarpen 42, 22848 Norderstedt

Imprint
Publisher: BABADADA GmbH, Nedderfeld 112 , 22529 Hamburg, Germany
Managing Director / Publishing direction: Harald Hof
Print: Books on Demand GmbH, In de Tarpen 42, 22848 Norderstedt

escola

de school

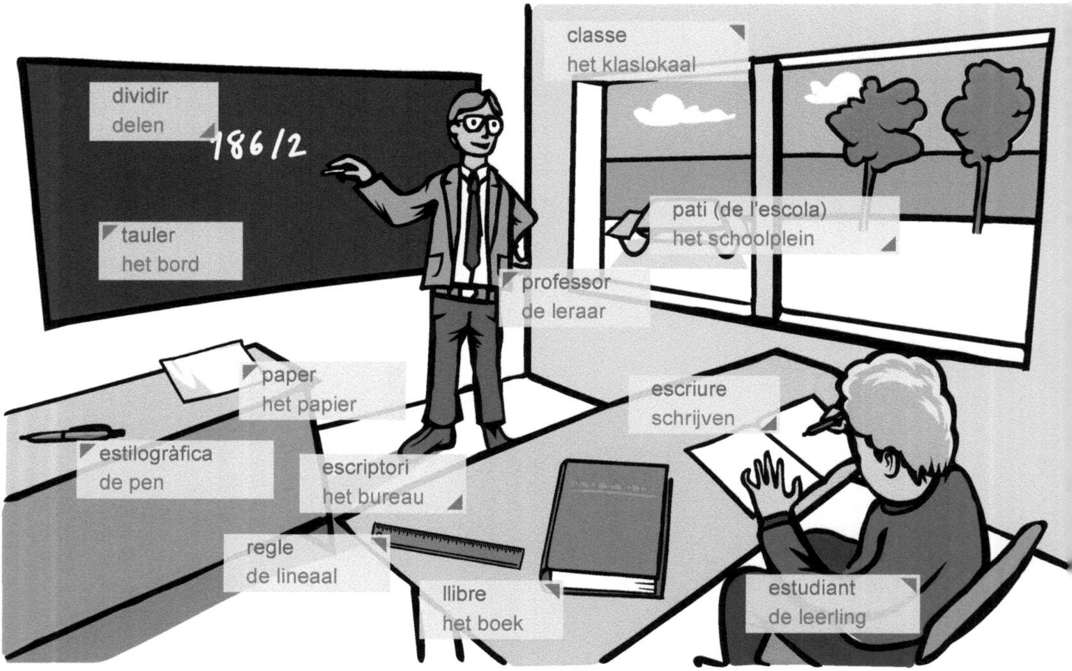

classe
het klaslokaal
dividir
delen
186/2
tauler
het bord
pati (de l'escola)
het schoolplein
professor
de leraar
paper
het papier
escriure
schrijven
estilogràfica
de pen
escriptori
het bureau
regle
de lineaal
llibre
het boek
estudiant
de leerling

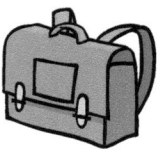

bossa

de schooltas

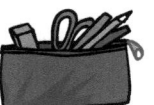

estoig

de etui

llapis

het potlood

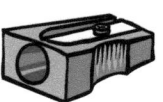

maquineta de fer punta

de puntenslijper

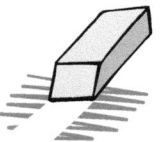

goma

de gum

bloc de dibuix

het schetsblok

dibuix

de tekening

pinzell

het penseel

capsa de pintures

de verfdoos

tisores

de schaar

cola

de lijm

quadern d'exercicis

het schrift

deures

het huiswerk

nombre

het getal

afegir

optellen

sostreure

aftrekken

multiplicar

vermenigvuldigen

calcular

rekenen

lletra

de letter

alfabet

het alfabet

mot

het woord

text
de tekst

llegir
lezen

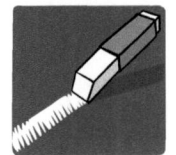

guix
het krijt

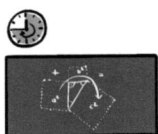

lliçó
de les

llibre de classe
het klassenboek

examen
het examen

certificat
het diploma

uniforme escolar
het schooluniform

formació
de opleiding

enciclopèdia
de encyclopedie

universitat
de universiteit

microscopi
de microscoop

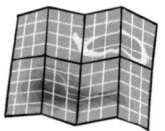

mapa
de kaart

paperera
de prullenmand

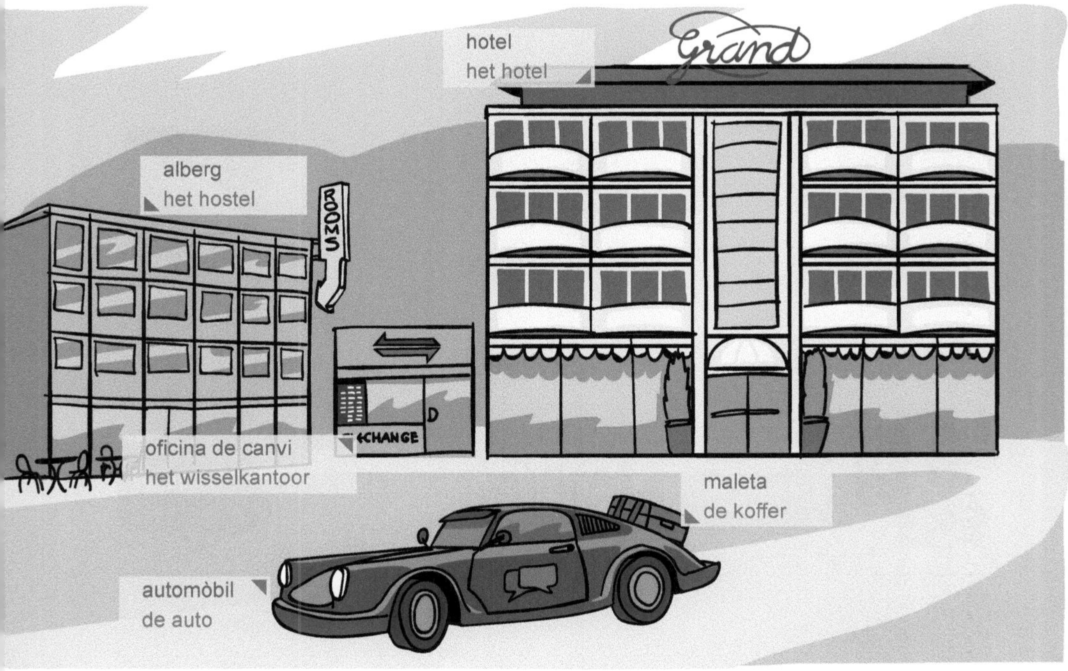
hotel
het hotel
Grand
alberg
het hostel
ROOMS
EXCHANGE
oficina de canvi
het wisselkantoor
maleta
de koffer
automòbil
de auto

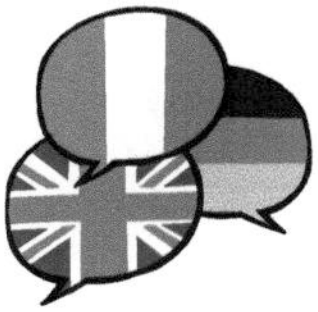

llengua

de taal

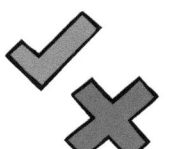

sí / no

ja / nee

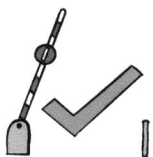

D'acord

oké

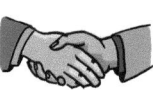

Ey!

Hallo!

traductora

de tolk

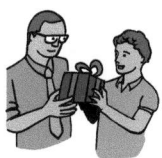

gràcies

Bedankt.

Quant costa... ?

Wat kost ...?

No entenc

Ik begrijp het niet.

problema

het probleem

Bona nit!

Goedenavond!

bon dia!

Goedemorgen!

bona nit!

Goedenacht!

fins aviat

Tot ziens!

direcció

de richting

bagatge

de bagage

bossa

de tas

sarrona

de rugzak

convidat

de gast

cambra

de kamer

sac de dormir

de slaapzak

tenda

de tent

oficina de turisme

het VVV-kantoor

platja

het strand

carta de crèdit

de creditkaart

esmorzar

het ontbijt

dinar

de lunch

sopar

het diner

bitllet

het kaartje

ascensor

de lift

segell

de postzegel

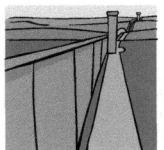

frontera

de grens

duana

de douane

ambaixada

de ambassade

visat

het visum

passaport

het paspoort

transport

het transport

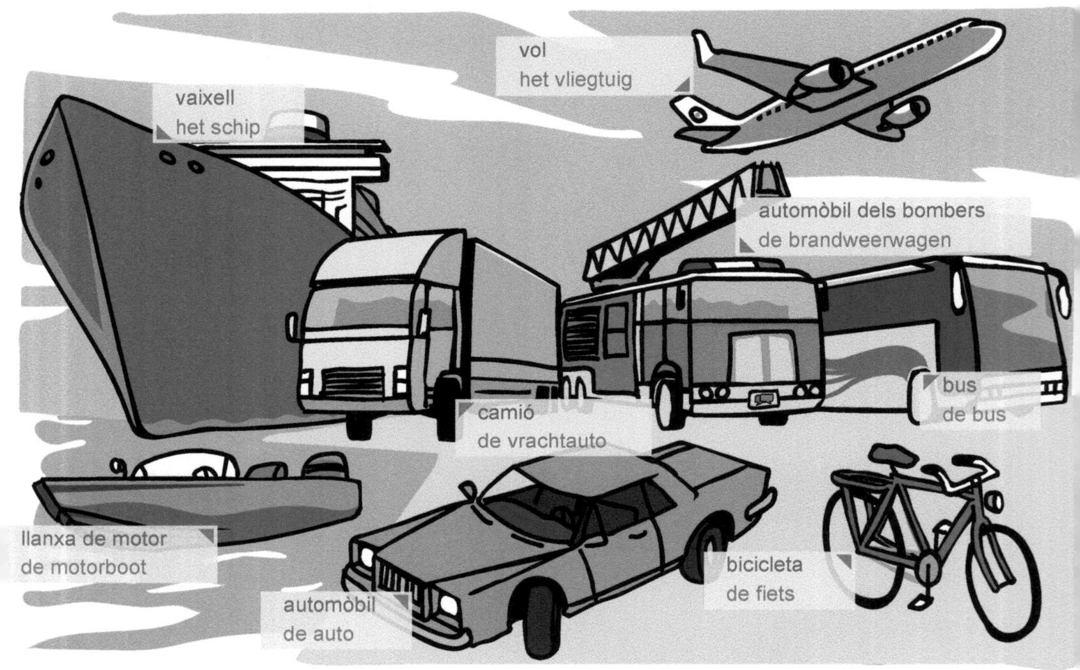
vol
het vliegtuig
vaixell
het schip
automòbil dels bombers
de brandweerwagen
bus
de bus
camió
de vrachtauto
llanxa de motor
de motorboot
bicicleta
de fiets
automòbil
de auto

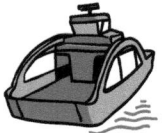

transbordador

de veerboot

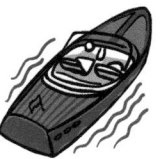

barca

de boot

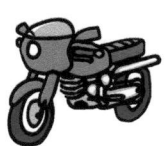

moto

de motorfiets

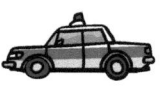

automòbil de policia

de politiewagen

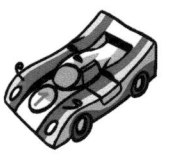

automòbil de curses

de raceauto

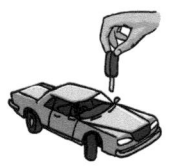

automòbil de lloguer

de huurauto

vehicle compartit

de carsharing

grua

de takelwagen

camió de les escombraries

de vuilniswagen

motor

de motor

benzina

de benzine

benzineria

de benzinepomp

senyal de trànsit

het verkeersbord

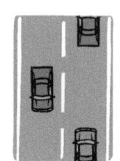

trànsit

het verkeer

embús

de file

aparcament

de parkeerplaats

estació de trens

het station

vies

de rails

tren

de trein

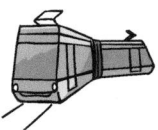

tramvia

de tram

vagó

de wagon

helicòpter

de helikopter

aeroport

de luchthaven

torre

de toren

passatger

de passagier

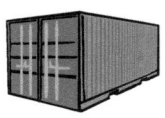

contenidor

de container

capsa de cartó

de verhuisdoos

carretó

de kar

cistella

de mand

enlairar-se / aterrar

opstijgen / landen

ciutat
de stad

poble

het dorp

centre de la ciutat

het stadscentrum

casa

het huis

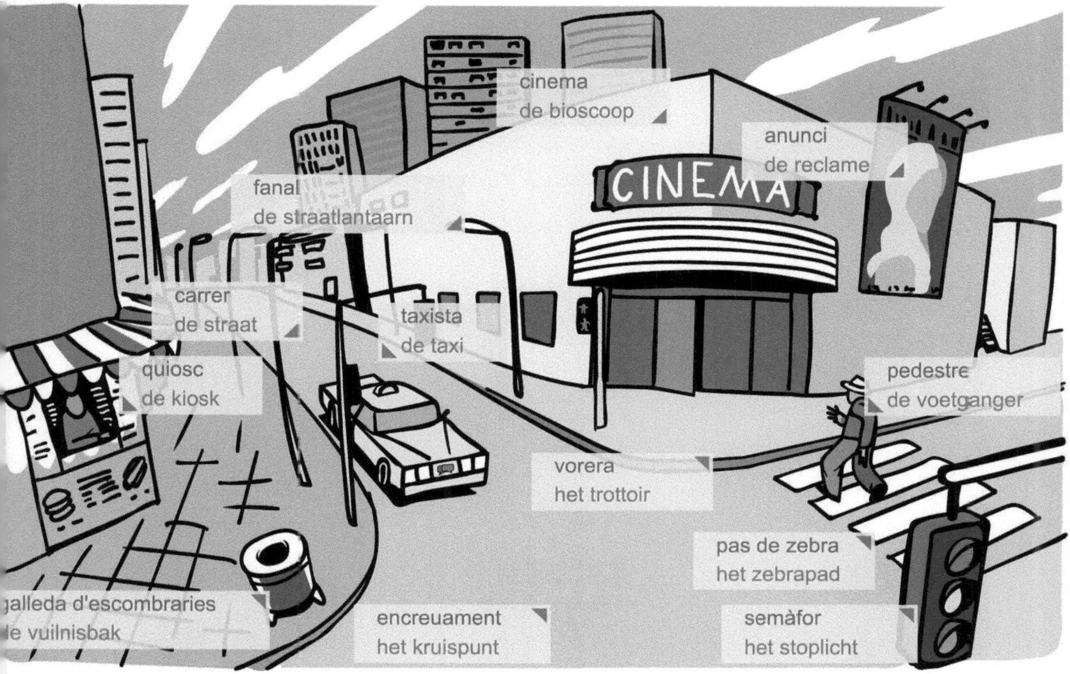

cinema
de bioscoop

anunci
de reclame

fanal
de straatlantaarn

carrer
de straat

taxista
de taxi

quiosc
de kiosk

pedestre
de voetganger

vorera
het trottoir

pas de zebra
het zebrapad

galleda d'escombraries
de vuilnisbak

encreuament
het kruispunt

semàfor
het stoplicht

cabana
de hut

apartament
het appartement

estació de trens
het station

casa de la vila-ciutat
het stadhuis

museu
het museum

escola
de school

universitat

de universiteit

banca

de bank

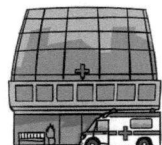

hospital

het ziekenhuis

hotel

het hotel

farmàcia

de apotheek

oficina

het kantoor

llibreria

de boekenwinkel

botiga

de winkel

floristeria

de bloemenwinkel

supermercat

de supermarkt

mercat

de markt

gran magatzem

het warenhuis

peixateria

de visboer

centre comercial

het winkelcentrum

port

de haven

parc

het park

banc

de bank

pont

de brug

escala

de trap

metro

de metro

túnel

de tunnel

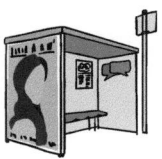

parada d'autobús

de bushalte

bar

de bar

restaurant

het restaurant

bústia de correu

de brievenbus

senyal indicador

het straatnaambord

parquímetre

de parkeermeter

zoo

de dierentuin

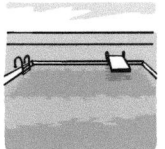

piscina

het zwembad

mesquita

de moskee

granja
de boerderij

pol·lució
de vervuiling

cementiri
de begraafplaats

església
de kerk

parc infantil
de speelplaats

temple
de tempel

paisatge
het landschap

fulla
het blad

cartell indicador
de wegwijzer

camí
de weg

prat
de weide

pedra
de steen

arbre
de boom

excursionista
de wandelaar

riu
de rivier

gespa
het gras

flor
de bloem

vall
de vallei

muntanya
de berg

llac
het meer

bosc
het bos

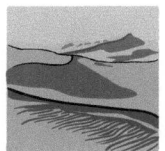

desert
de woestijn

volcà
de vulkaan

castell
het kasteel

arc de Sant Martí
de regenboog

bolet
de paddenstoel

palmera
de palmboom

moscard
de mug

mosca
de vlieg

formiga
de mier

abella
de bij

aranya
de spin

escarabat

de kever

granota

de kikker

esquirol

de eekhoorn

eriçó

de egel

llebre

de haas

òliba

de uil

ocell

de vogel

cigne

de zwaan

senglar

het wild zwijn

cervo

het hert

ant

de eland

presa

de stuwdam

turbina

de windmolen

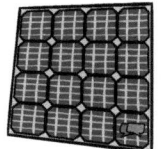

panell solar

het zonnepaneel

clima

het klimaat

cambrer
de ober

menú
het menu

cadira
de stoel

sopa
de soep

pizza
de pizza

coberts
het bestek

tovalla
het tafelkleed

primer plat

het voorgerecht

plat principal

het hoofdgerecht

darreries

het toetje

begudes

de dranken

menjar

het eten

ampolla

de fles

menjar ràpid

de/het fastfood

menjar de carrer

het eetkraampje

tetera

de theepot

sucrer

de suikerpot

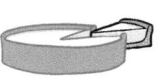

porció

de portie

màquina d'espresso

de espressomachine

trona

de kinderstoel

factura

de rekening

plata

het dienblad

ganivet

het mes

forqueta

de vork

cullera

de lepel

cullereta

de theelepel

tovalló

het servet

got

het glas

restaurant - het restaurant

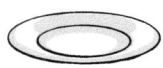

plat
het bord

plat de sopa
het soepbord

plateret
de schotel

salsa
de saus

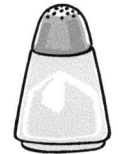

saler
het zoutvaatje

molinet de pebre
de pepermolen

vinagre
de azijn

oli
de olie

espècies
de kruiden

quètxup
de ketchup

mostassa
de mosterd

maionesa
de mayonaise

supermercat

de supermarkt

oferta especial
de aanbieding
client
de klant
productes lactis
de zuivelproducten
fruites
het fruit
carret de la compra
de winkelwagen
FOR

BUTCHERS

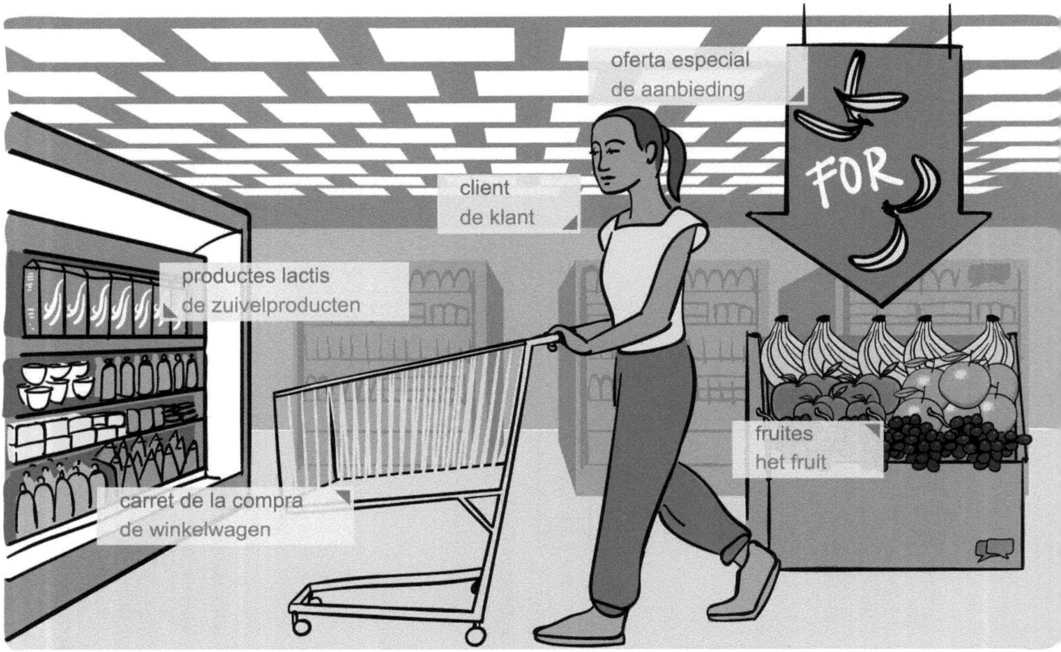

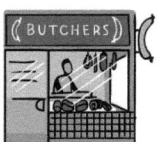

carnisseria

de slager

BAKERY

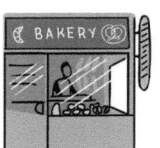

forn de pa

de bakkerij

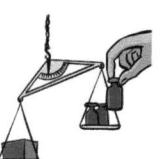

pesar

wegen

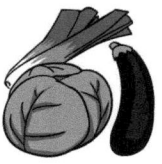

verdures

de groente

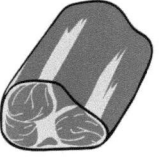

carn

het vlees

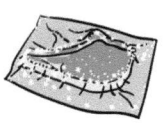

menjar congelat

de diepvriesproducten

carn freda

de vleeswaren

conserves

de conserven

detergent en pols

het wasmiddel

dolços

het snoepgoed

articles domèstics

de huishoudelijke artikelen

productes de neteja

het schoonmaakmiddel

venedora

de verkoopster

caixa registradora

de kassa

caixera

de kassier

llista de la compra

het boodschappenlijstje

horari d'obertura

de openingstijden

portamonedes

de portefeuille

carta de crèdit

de creditkaart

bossa

de tas

bossa de plàstic

de plastic zak

aigua

het water

suc

het sap

llet

de melk

coca-cola

de cola

vi

de wijn

cervesa

het bier

alcohol

de alcohol

cacau

de chocolademelk

te

de thee

cafè

de koffie

espresso

de espresso

cappuccino

de cappuccino

banana

de banaan

poma

de appel

taronja

de sinaasappel

síndria

de watermeloen

llimona

de citroen

pastanaga

de wortel

all

de knoflook

bambú

de bamboe

ceba

de ui

bolet

de paddenstoel

avellanes

de noten

fideus

de pasta

espaguetis

de spaghetti

arròs

de rijst

amanida

de salade

patates fregides

de friet

patates fregides

de gebakken aardappelen

pizza

de pizza

hamburguesa

de hamburger

entrepà

de sandwich

escalopa

de schnitzel

cuixot

de ham

salami

de salami

salsitxa

de worst

pollastre

de kip

rostit

het gebraad

peix

de vis

flocs de civada

de havermout

musli

de muesli

cereals

de cornflakes

farina

het meel

croissant

de croissant

panet

de broodjes

pa

het brood

torrada

de toast

bescuits

de koekjes

mantega

de boter

mató

de kwark

pastís

de taart

ou

het ei

ou fregit

het gebakken ei

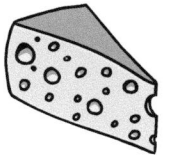

formatge

de kaas

gelat

het ijs

sucre

de suiker

mel

de honing

melmelada

de jam

crema de xocolata

de chocoladepasta

curri

de kerrie

granja
de boerderij

bala de palla
de hooibaal

graner
de schuur

camp
het veld

cavall
het paard

remolc
de aanhangwagen

poltre
het veulen

tractor
de tractor

ase
de ezel

xai
het lam

ovella
het schaap

cabra

de geit

vaca

de koe

vedella

het kalf

porc

het varken

garrí

de big

bou

de stier

oca

de gans

ànec

de eend

poll

het kuiken

gall

de kip

gallina

de haan

rata

de rat

gat

de kat

ratolí

de muis

bou

de os

gos

de hond

gossera

het hondenhok

mànega de regar

de tuinslang

regadora

de gieter

dalla

de zeis

arada

de ploeg

falç
de sikkel

aixada
de schoffel

forca
de hooivork

destral
de bijl

carretó
de kruiwagen

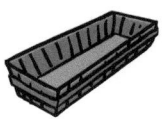

abeurador
de trog

lletera
de melkbus

sac
de zak

tanca
het hek

establa
de stal

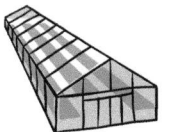

hivernacle
de broeikas

sòl
de grond

llavor
het zaad

adob
de mest

collidora
de maaidorser

collir

oogsten

collita

de oogst

nyam

de yam

blat

de tarwe

soja

de soja

patata

de aardappel

blat de moro o d'indi

de maïs

colza

het koolzaad

arbre fruiter

de fruitboom

mandioca

de maniok

cereals

de granen

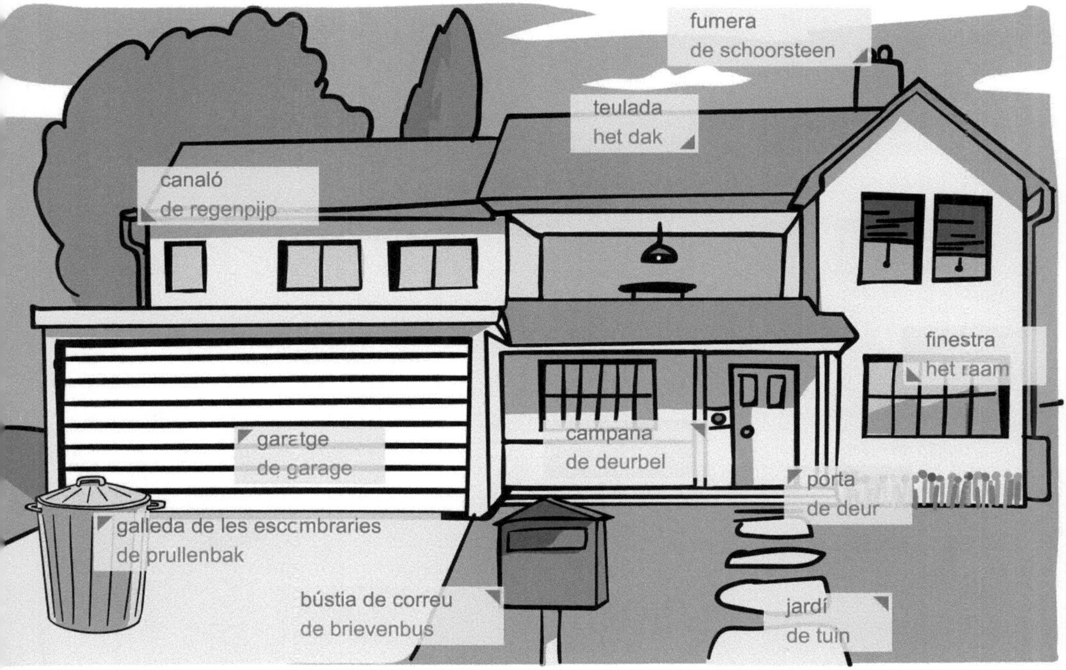

fumera
de schoorsteen

teulada
het dak

canaló
de regenpijp

finestra
het raam

garatge
de garage

campana
de deurbel

porta
de deur

galleda de les esccmbraries
de prullenbak

bústia de correu
de brievenbus

jardí
de tuin

sala d'estar
de woonkamer

bany
de badkamer

cuina
de keuken

cambra de dormir
de slaapkamer

cambra de nen
de kinderkamer

menjador
de eetkamer

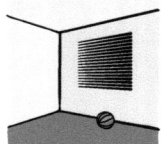

sòl
de vloer

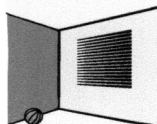

paret
de muur

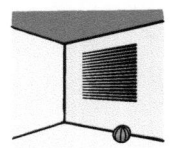

sostre
het plafond

soterrani
de kelder

sauna
de sauna

balcó
het balkon

terrassa
het terras

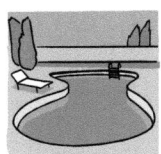

piscina
het zwembad

tallagespa
de grasmaaier

vànova
het laken

cobrellit
de bedsprei

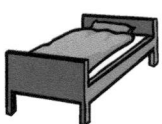

llit
het bed

escombra
de bezem

galleda
de emmer

interruptor
de schakelaar

sala d'estar

de woonkamer

paper de paret
het behang
quadre
de foto
làmpada
de lamp
prestatge
de plank
armari
de kast
televisor
de televisie
escalfapanxes
de open haard
flor
de bloem
coixí
het kussen
sofà
het bankstel
gerro
de vaas
telecomanda
de afstandsbediening

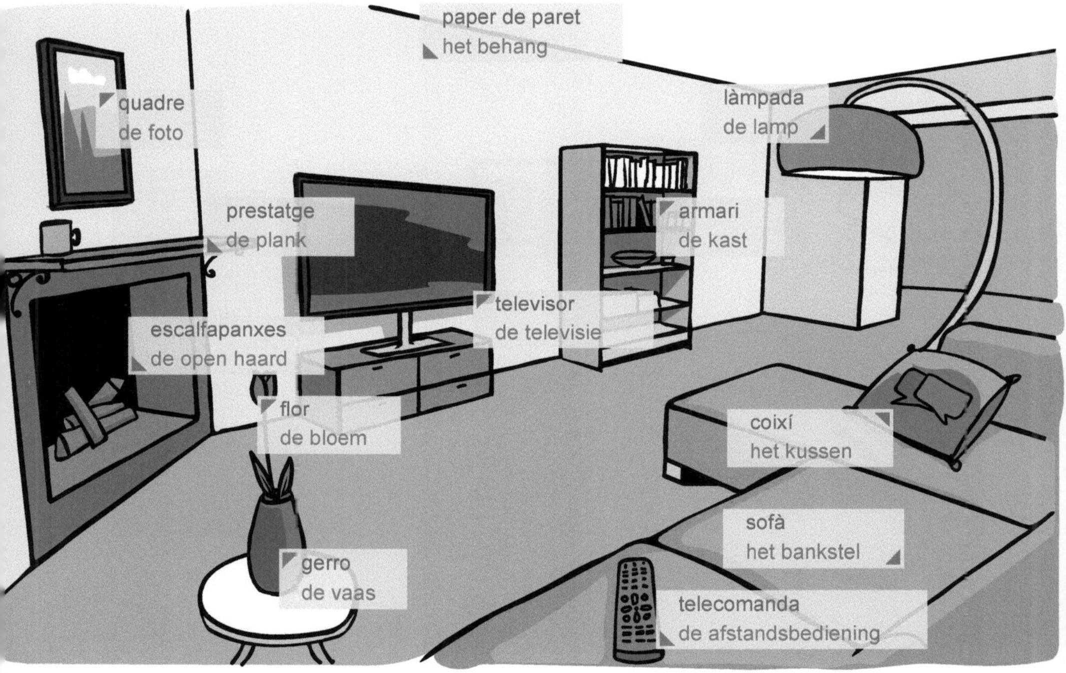

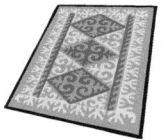

catifa

het tapijt

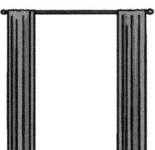

cortina

het gordijn

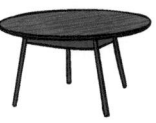

taula

de tafel

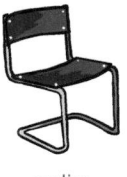

cadira

de stoel

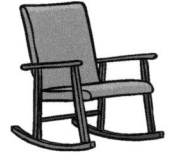

cadira gronxadora

de schommelstoel

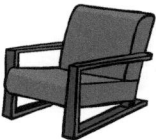

cadiral

de stoel

llibre

het boek

llençol

de deken

decoració

de decoratie

llenya

het brandhout

film

de film

cadena de música

de stereo-installatie

clau

de sleutel

diari

de krant

pintura

het schilderij

cartell

de poster

ràdio

de radio

bloc de notes

het kladblok

aspiradora

de stofzuiger

cactus

de cactus

candela

de kaars

cuina
de keuken

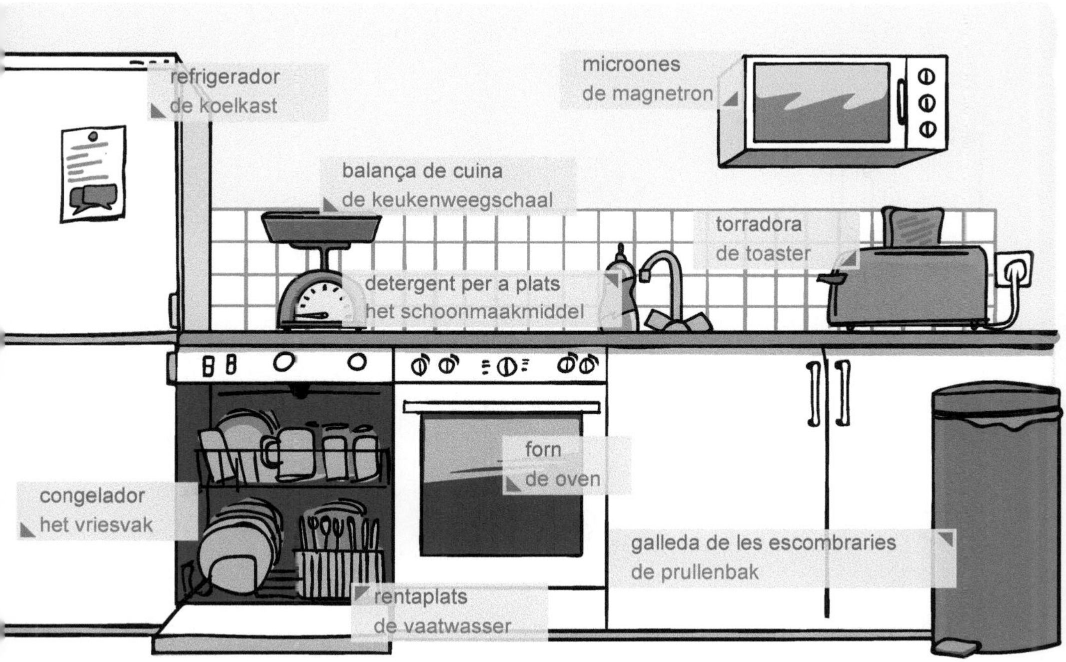

refrigerador
de koelkast
microones
de magnetron
balança de cuina
de keukenweegschaal
torradora
de toaster
detergent per a plats
het schoonmaakmiddel
forn
de oven
congelador
het vriesvak
galleda de les escombraries
de prullenbak
rentaplats
de vaatwasser

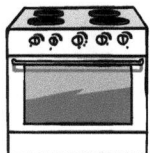

cuina de fogons

het fornuis

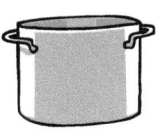

olla

de pan

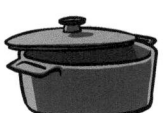

olla de ferro colat

de gietijzeren pan

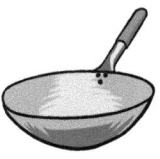

wok / karahi

de wok / kadai

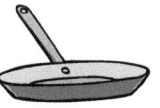

paella

de koekenpan

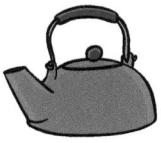

bullidor

de ketel

olla de vapor

de stoomkoker

plata de forn

de bakplaat

vaixella

het servies

tassa grossa

de beker

bol

de kom

bastonets xinesos

de eetstokjes

culler

de soeplepel

espàtula

de spatel

batedor

de garde

colador

het vergiet

sedàs

de zeef

ratllador

de rasp

morter

de vijzel

barbacoa

de barbecue

foc a terra

de vuurhaard

taula de tallar

de snijplank

corró

de deegroller

llevataps

de kurkentrekker

pot de conserva

het blik

obridor

de blikopener

agafador

de pannenlap

aigüera

de wasbak

raspall

de borstel

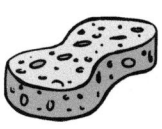

esponja

de spons

batedora

de blender

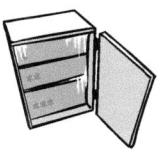

congelador

de vriezer

biberó

het babyflesje

aixeta

de kraan

bany
de badkamer

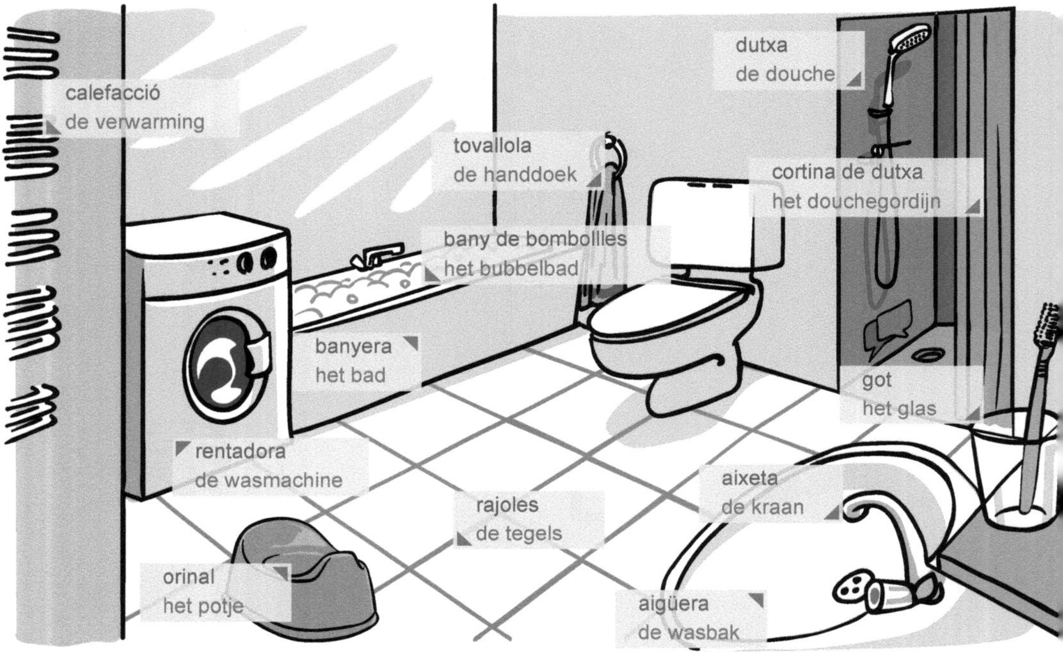

dutxa
de douche
calefacció
de verwarming
tovallola
de handdoek
cortina de dutxa
het douchegordijn
bany de bombollles
het bubbelbad
banyera
het bad
got
het glas
rentadora
de wasmachine
aixeta
de kraan
rajoles
de tegels
orinal
het potje
aigüera
de wasbak

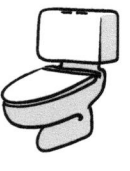

lavabo

het toilet

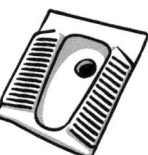

lavabo turc

het hurktoilet

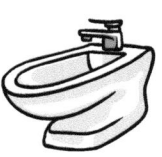

bidet

de/het bidet

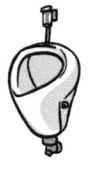

orinador

het urinoir

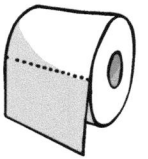

paper higiènic

het toiletpapier

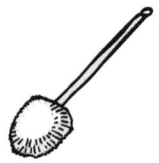

escombreta de sanitari

de toiletborstel

raspall de dents
....
de tandenborstel

pasta de dents
....
de tandpasta

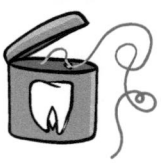

fil dental
....
het flosdraad

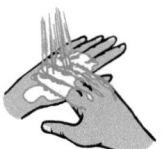

rentar
....
wassen

pom de dutxa
....
de handdouche

dutxa íntima
....
de toiletdouche

rentamans
....
de waskom

raspall per a l'esquena
....
de rugborstel

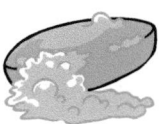

sabó
....
de zeep

gel de dutxa
....
de douchegel

xampú
....
de shampoo

manyopla de bany
....
het washandje

bonera
....
de afvoer

crema
....
de creme

desodorant
....
de deodorant

mirall
de spiegel

mirall-espill de mà
de make-upspiegel

maquineta de rasar
het scheermes

espuma de barbejar
het scheerschuim

loció post-rasada
de aftershave

pinta
de kam

raspall
de borstel

eixugador
de haardroger

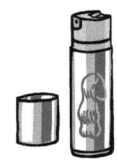

laca
de haarspray

maquillatge
de make-up

pintallavis
de lippenstift

esmalt d'ungles
de nagellak

cotó
de watten

tallaungles
het nagelschaartje

perfum
de/het parfum

estoig de bellesa

de toilettas

tamboret

de kruk

bàscula

de weegschaal

barnús

de badjas

guants de goma

de rubber handschoenen

compresa higiènica

de tampon

compresa

het maandverband

sanitari químic

het chemisch toilet

cambra de nen

de kinderkamer

despertador
de wekker
animal de peluix
het knuffeldier
auto de joguina
de speelgoedauto
sonall
de rammelaar
casa de nines
het poppenhuis
present
het cadeau

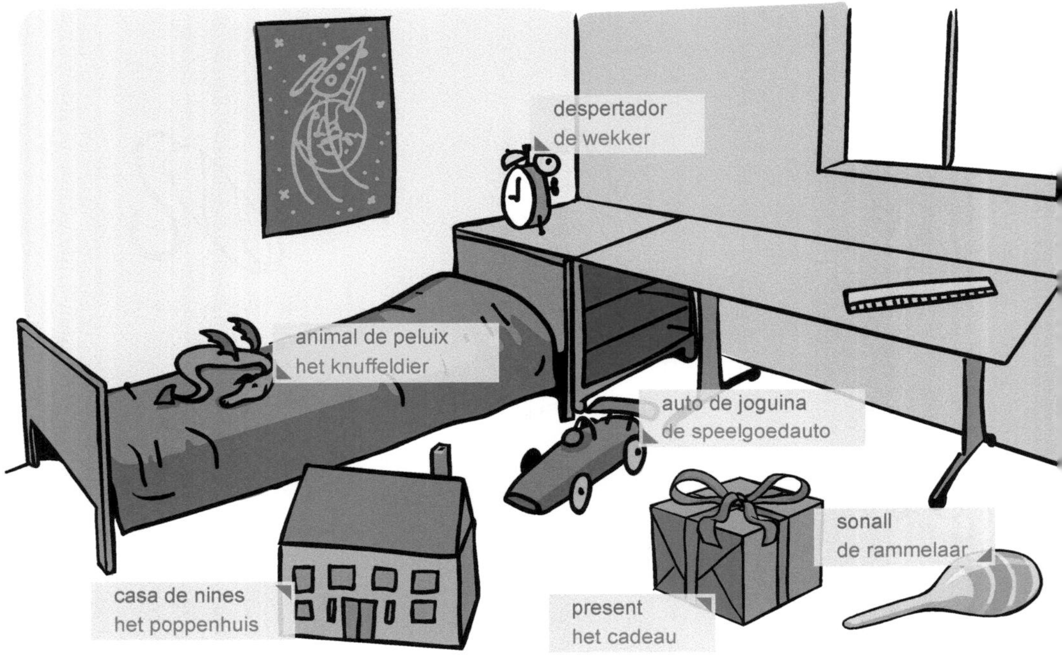

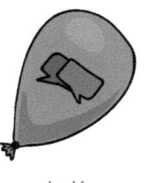

baló

de ballon

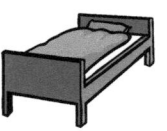

llit

het bed

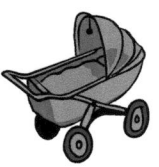

cotxet per a nens

de kinderwagen

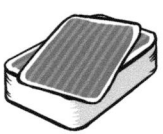

joc de cartes

het kaartspel

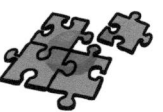

trencaclosca

de puzzel

SUPER
MEGA

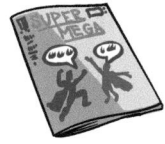

historieta

het stripverhaal

peces de lego
....
de legostenen

peces de construcció
....
de speelgoedblokken

ninot d'acció
....
het actiefiguurtje

granota
....
de romper

frisbee
....
de frisbee

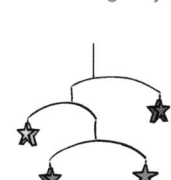

mòbil per a bressol
....
de/het mobile

joc de taula
....
het bordspel

daus
....
de dobbelsteen

tren elèctric
....
de modeltrein

xumet
....
de speen

festa
....
het feestje

llibre de dibuixos
....
het prentenboek

pilota
....
de bal

nina
....
de pop

jugar
....
spelen

sorrera

de zandbak

gronxador

de schommel

joguines

het speelgoed

consola de jocs de vídeo

de spelcomputer

tricicle

de driewieler

osset de peluix

de teddybeer

armari

de kleerkast

roba

de kleding

mitjons

de sokken

mitges

de kousen

mitja pantaló

de panty

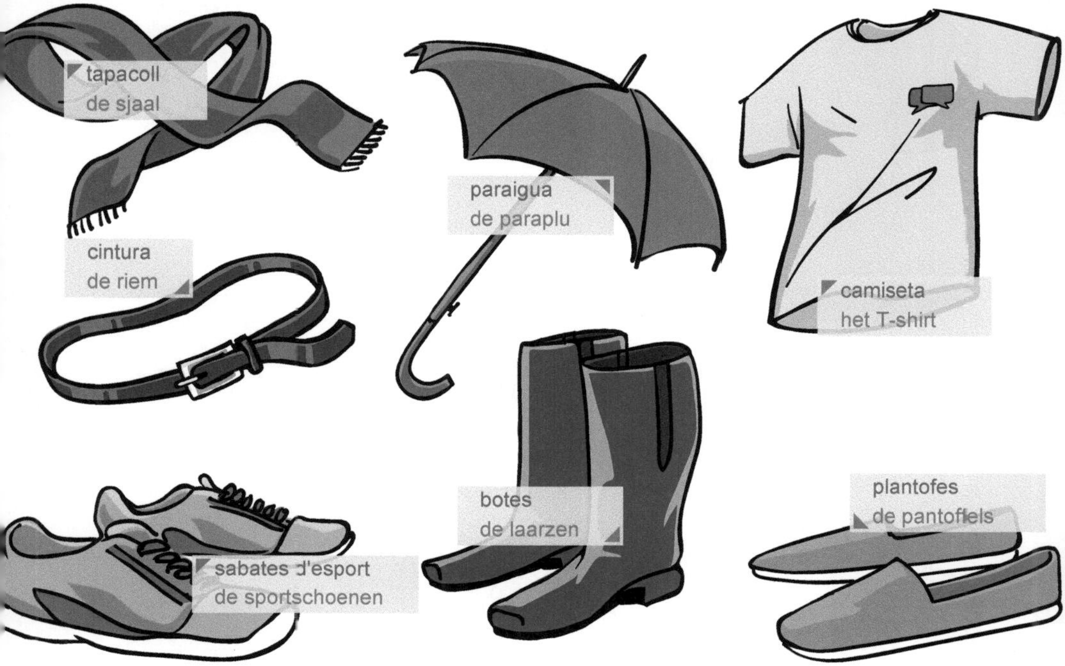

tapacoll
de sjaal

paraigua
de paraplu

camiseta
het T-shirt

cintura
de riem

sabates d'esport
de sportschoenen

botes
de laarzen

plantofes
de pantofiels

sandàlies

de sandalen

sabates

de schoenen

botes de goma

de rubberlaarzen

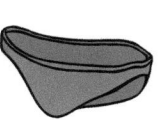

calçonets

de onderbroek

sostenidor

de beha

guardapits

het onderhemd

jjustacòs
....
de body

pantalons
....
de broek

jeans
....
de spijkerbroek

faldeta
....
de rok

brusa
....
de blouse

camisa
....
het overhemd

jersei
....
de trui

dessuadora
....
de hoody

blazer
....
de blazer

jaqueta
....
de jas

mantell
....
de mantel

impermeable
....
de regenjas

vestit de dona
....
het kostuum

vestit de dona
....
de jurk

vestit de núvia
....
de trouwjurk

vestit d'home

het pak

camisa de dormir

het nachthemd

pijama

de pyjama

sari

de sari

mocador de cap

de hoofddoek

turbant

de tulband

burca

de boerka

caftan

de kaftan

abaia

de abaja

vestit de bany

het zwempak

calçon(et)s de bany

de zwembroek

pantalons curts

de korte broek

xandall

het trainingspak

davantal

de/het schort

guants

de handschoenen

botó
de knoop

ulleres
de bril

braçalet
de armband

collaret
de ketting

anell
de ring

orellera
de oorbel

casquet
de pet

penjador
de kledinghanger

capell
de hoed

corbata
de stropdas

cremallera
de rits

casc
de helm

elàstics
de bretels

uniforme escolar
het schooluniform

uniforme
het uniform

pitet
....
het slabbetje

xumet
....
de speen

bolquer
....
de luier

oficina
het kantoor

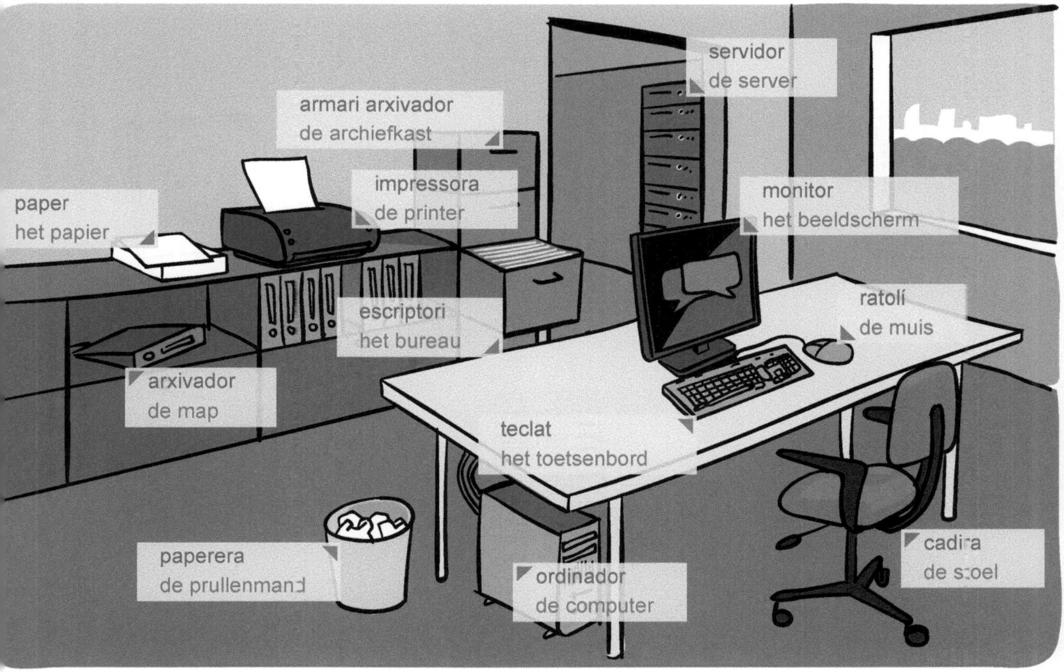

paper
het papier

armari arxivador
de archiefkast

impressora
de printer

servidor
de server

monitor
het beeldscherm

escriptori
het bureau

ratolí
de muis

arxivador
de map

teclat
het toetsenbord

paperera
de prullenmand

ordinador
de computer

cadira
de stoel

tassa de cafè
....
de koffiemok

calculadora
....
de rekenmachine

Internet
....
het internet

ordinador portàtil

de laptop

lletra

de brief

missatge

het bericht

mòbil

de mobiele telefoon

xarxa

het netwerk

fotocopiadora

de kopieermachine

programari

de software

telèfon

de telefoon

presa de corrent

het stopcontact

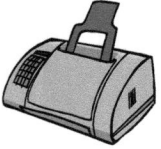

fax

de fax

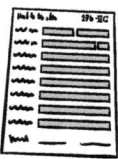

formulari

het formulier

document

het document

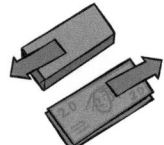

comprar

kopen

pagar

betalen

comerciar

handel drijven

diners

het geld

dòlar

de dollar

euro

de euro

ien

de yen

ruble

de roebel

franc suís

de Zwitserse frank

renminbi

de renminbi yuan

rupia

de roepie

caixa automàtica

de geldautomaat

oficina de canvi

het wisselkantoor

or

het goud

argent

het zilver

petroli

de olie

energia

de energie

preu

de prijs

contracte

het contract

impost

de belasting

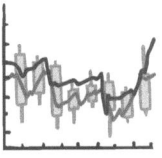

acció

het aandeel

treballar

werken

treballador

de werknemer

empresari

de werkgever

fàbrica

de fabriek

botiga

de winkel

economia - de economie

oficis
de beroepen

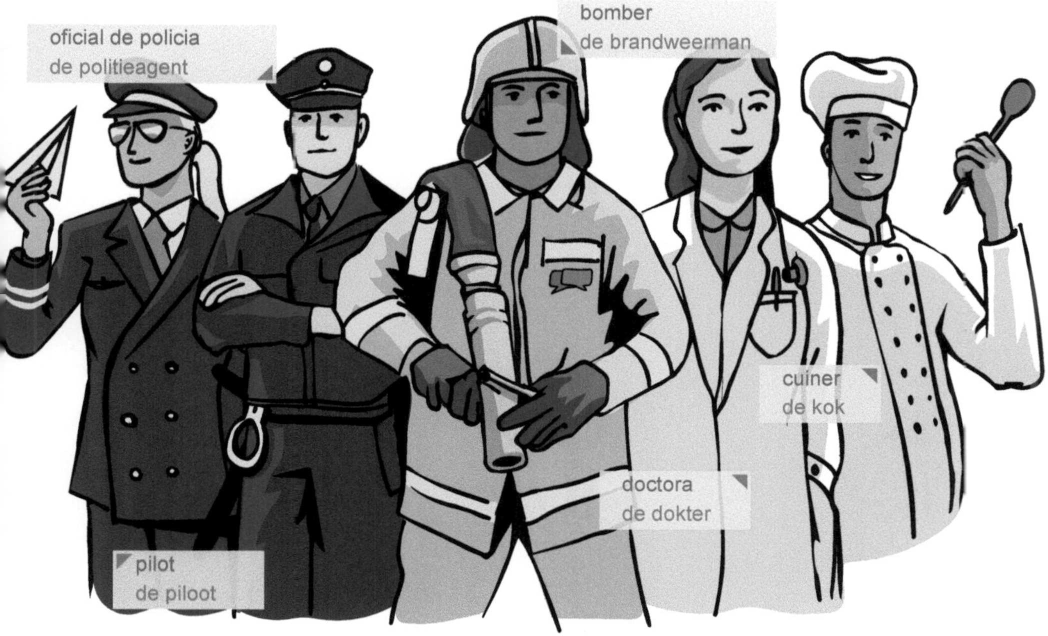
oficial de policia
de politieagent
bomber
de brandweerman
cuiner
de kok
doctora
de dokter
pilot
de piloot

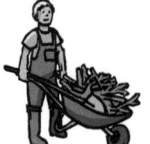

jardiner

de tuinman

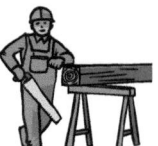

fuster

de timmerman

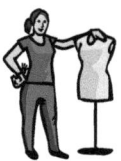

costurera

de naaister

jutge

de rechter

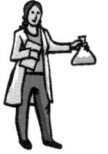

química

de scheikundige

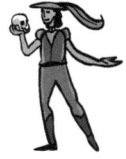

actor

de toneelspeler

conductor d'autobús

de buschauffeur

taxista

de taxichauffeur

pescador

de visser

dona de la neteja

de schoonmaakster

ensostrador

de dakdekker

cambrer

de ober

caçador

de jager

pintor

de schilder

forner

de bakker

electricista

de elektricien

obrer de la construcció

de bouwvakker

enginyer

de ingenieur

carnisser

de slager

llanterner

de loodgieter

correu

de postbode

soldat

de soldaat

arquitecte

de architect

caixera

de kassier

florista

de bloemist

perruquer

de kapper

revisor

de conducteur

mecànic

de monteur

capità

de kapitein

dentista

de tandarts

científic

de wetenschapper

rabí

de rabbi

imam

de imam

monjo

de monnik

capellà

de pastoor

eines

het gereedschap

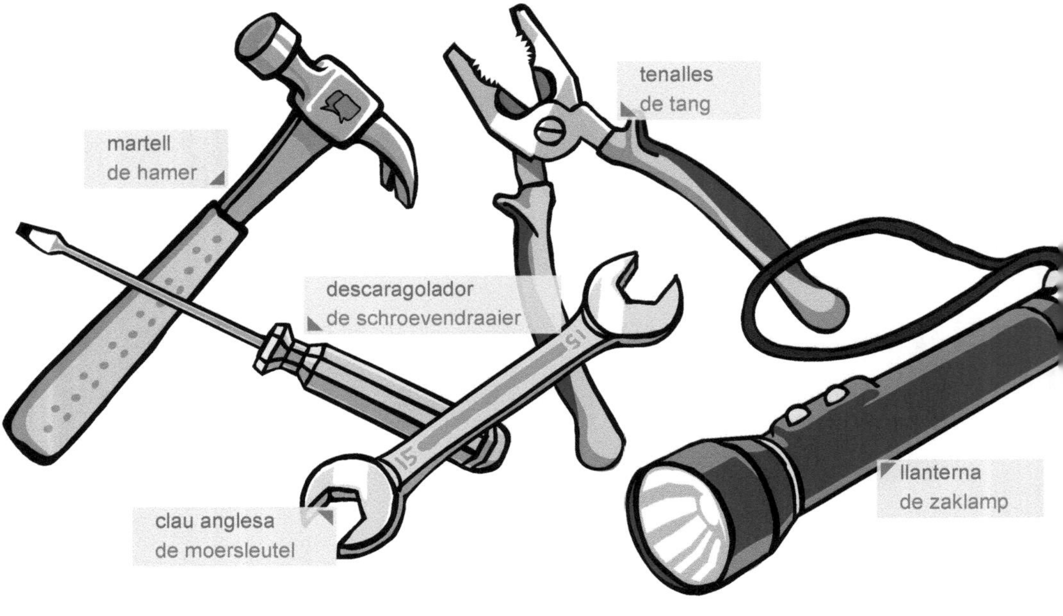
martell
de hamer
tenalles
de tang
descaragolador
de schroevendraaier
clau anglesa
de moersleutel
llanterna
de zaklamp

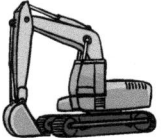

excavadora

de graafmachine

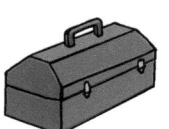

caixa d'eines

de gereedschapskist

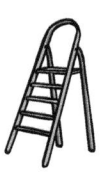

escala

de ladder

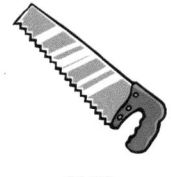

serra

de zaag

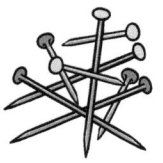

claus

de spijkers

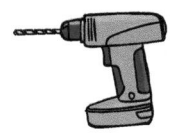

trepant

de boor

reparar

repareren

pala

de schep

Maleït siga!

Verdorie!

pala

het stofblik

pot de pintura

de verfpot

caragols

de schroeven

instrument de música
de muziekinstrumenten

altaveu
de luidspreker

bateria
het drumstel

guitarra
de gitaar

contrabaix
de contrabas

trompeta
de trompet

piano
de piano

violí
de viool

baix
de bas

timbal
de pauk

tambor
de trommel

teclat
het keyboard

saxofon
de saxofoon

flauta
de fluit

micròfon
de microfoon

zoo
de dierentuin

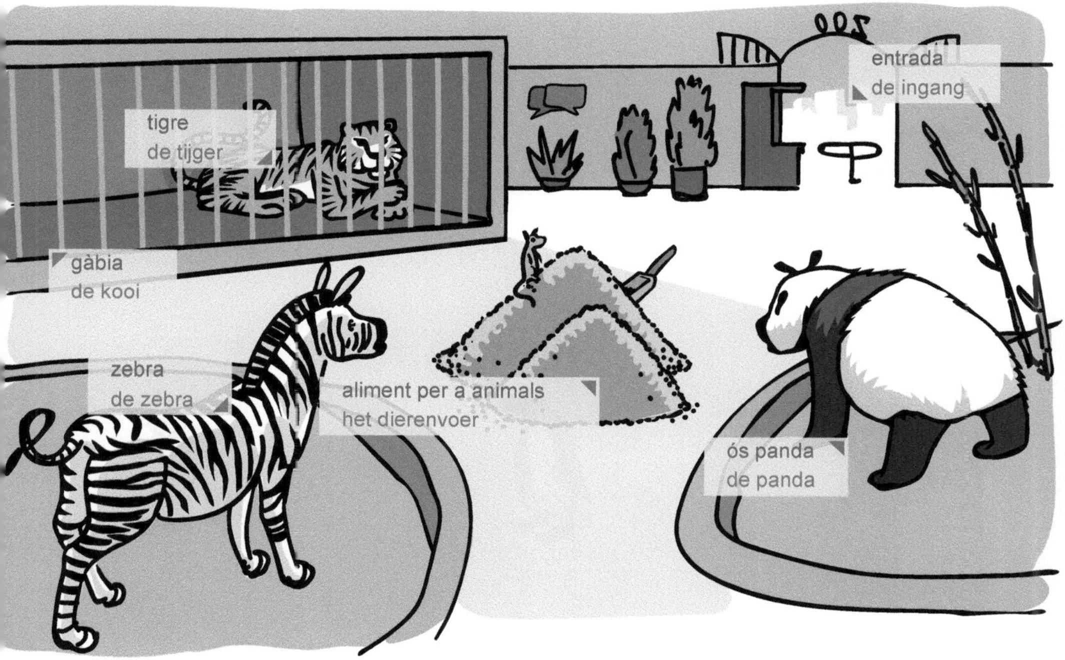

entrada
de ingang
tigre
de tijger
gàbia
de kooi
zebra
de zebra
aliment per a animals
het dierenvoer
ós panda
de panda

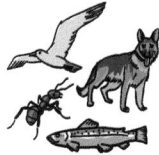

animals

de dieren

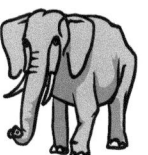

elefant

de olifant

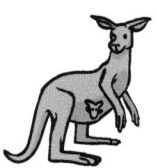

cangurú

de kangoeroe

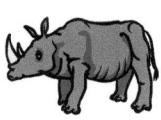

rinoceront

de neushoorn

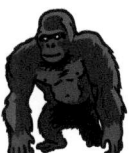

goril·la

de gorilla

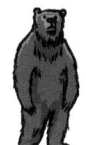

ós

de beer

camell

de kameel

estruç

de struisvogel

lleó

de leeuw

simi

de aap

flamenc

de flamingo

papagai

de papegaai

ós polar

de ijsbeer

pingüí

de pinguïn

ca mari

de haai

paó

de pauw

serp

de slang

cocodril

de krokodil

guardià del zoo

de dierenverzorger

foca

de zeehond

jaguar

de jaguar

poni

de pony

lleopard

de/het luipaard

hipopòtam

het nijlpaard

girafa

de giraffe

àliga

de adelaar

senglar

het wild zwijn

peix

de vis

tortuga

de schildpad

morsa

de walrus

guineu

de vos

gasela

de gazelle

futbol americà
American football

ciclisme
wielrennen

tenis
tennis

bàsquet
basketbal

natació
zwemmen

boxa
boksen

hoquei sobre gel
ijshockey

| futbol americà | bàdminton | atletisme |
| voetbal | badminton | atletiek |

| handbol | esquí | polo |
| handbal | skiën | polo |

activitats
de activiteiten

riure
lachen
saltar
springen
abraçar
knuffelen
anar
lopen
cantar
zingen
somiar
dromen
pregar
bidden
fer un petó
kussen

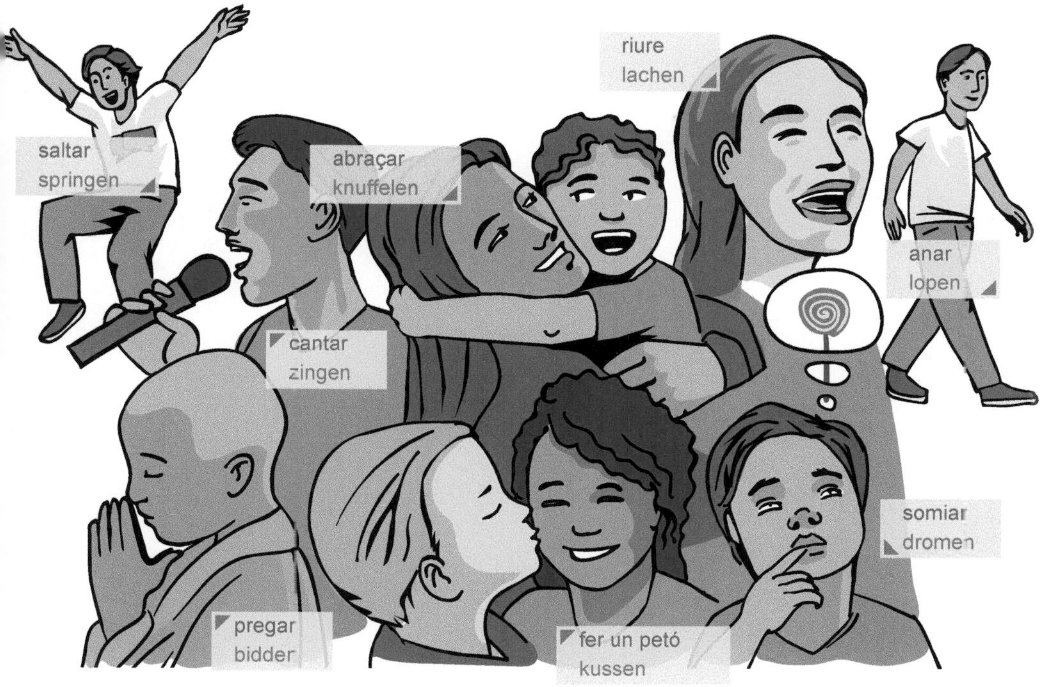

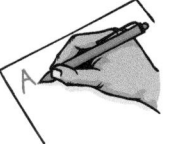

escriure

schrijven

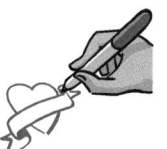

dibuixar

tekenen

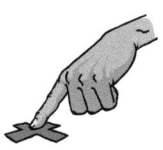

mostrar

tonen

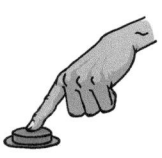

pitjar

duwen

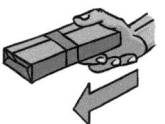

donar

geven

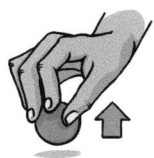

prendre

oppakken

tenir

hebben

fer

doen

ésser

zijn

estar dret

staan

córrer

rennen

estirar

trekken

llançar

gooien

caure

vallen

jeure

liggen

esperar

wachten

portar

dragen

asseure's

zitten

vestir-se

aankleden

dormir

slapen

despertar-se

wakker worden

mirar

bekijken

plorar

huilen

amoixar

strelen

pentinar

kammen

parlar

praten

comprendre

begrijpen

demanar

vragen

escoltar

horen

beure

drinken

menjar

eten

endreçar

opruimen

estimar

houden van

cuinar

koken

conduir

rijden

volar

vliegen

navegar

zeilen

calcular

rekenen

llegir

lezen

aprendre

leren

treballar

werken

casar-se

trouwen

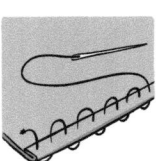

cosir

naaien

raspallar-se les dents

tandenpoetsen

matar

doden

fumar

roken

enviar

verzenden

família

de familie

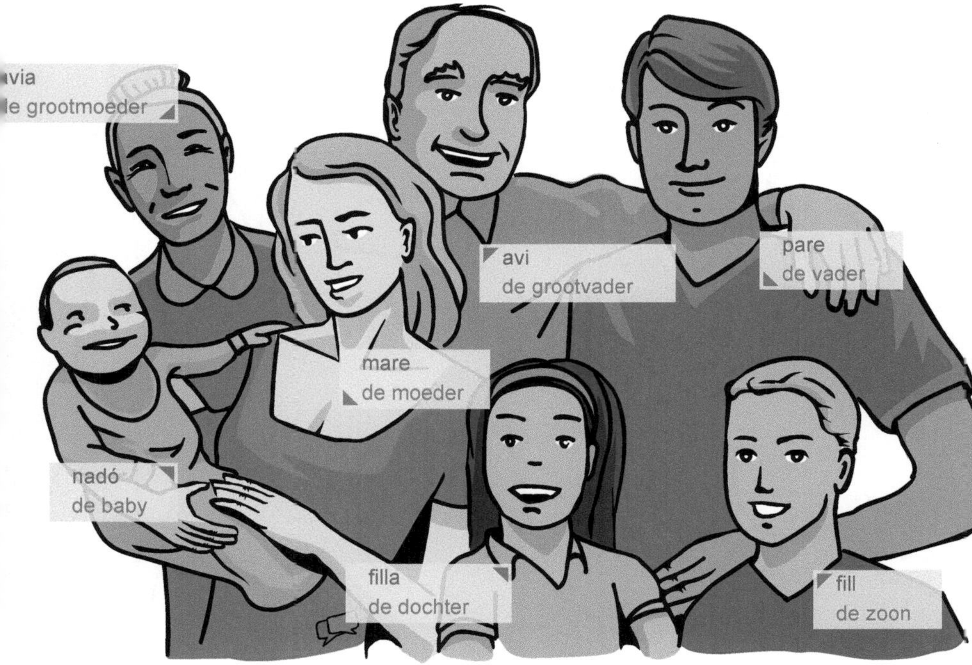

via
le grootmoeder
avi
de grootvader
pare
de vader
mare
de moeder
nadó
de baby
filla
de dochter
fill
de zoon

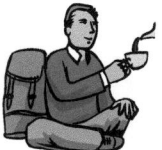

convidat

de gast

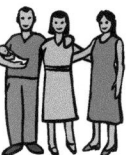

tia

de tante

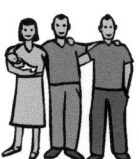

oncle

de oom

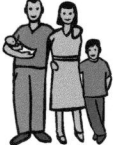

germà

de broer

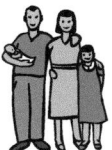

germana

de zus

het lichaam

front
het voorhoofd
ull
het oog
espatlla
de schouder
dit
de vinger
cara
het gezicht
barbeta
de kin
mà
de hand
cama
het been
pit
de borst
braç
de arm

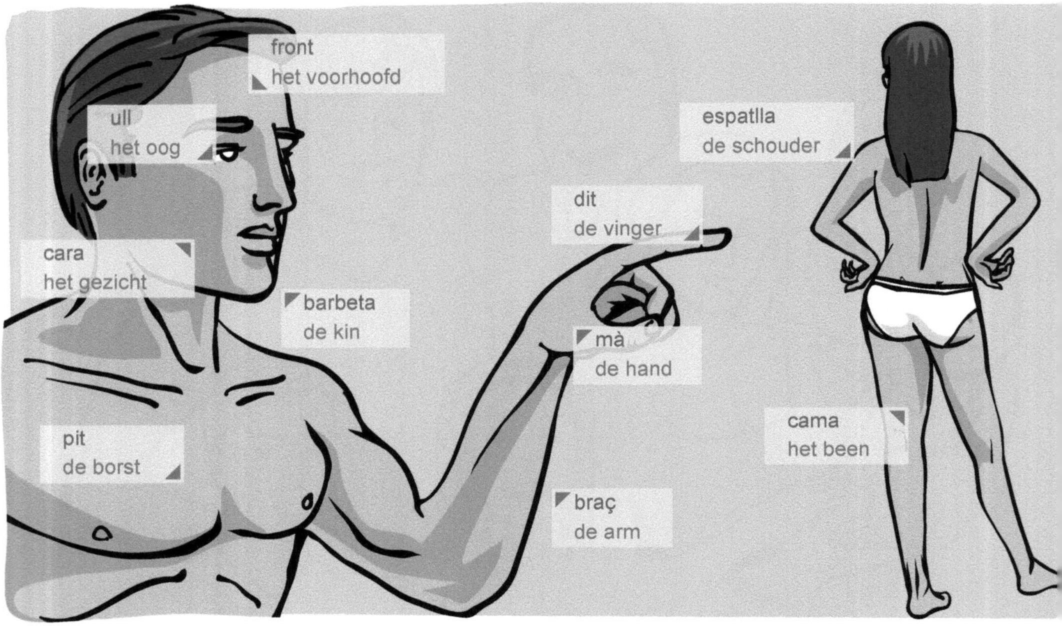

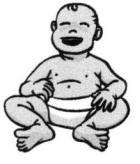

nadó
de baby

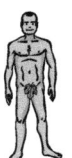

home
de man

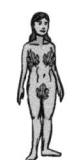

dona
de vrouw

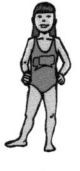

noia
het meisje

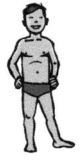

noi
de jongen

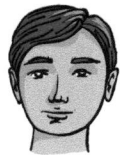

cap
het hoofd

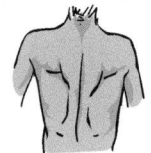

esquena
....
de rug

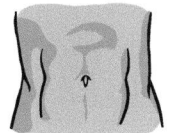

panxa
....
de buik

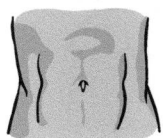

melic
....
de navel

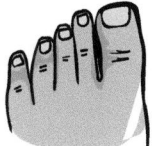

dit gros del peu
....
de teen

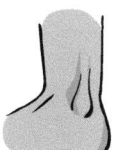

taló
....
de hiel

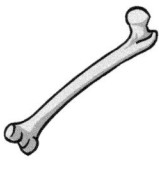

os
....
het bot

maluc
....
de heup

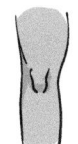

genoll
....
de knie

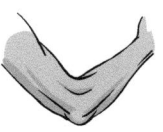

colze
....
de elleboog

nas
....
de neus

cul
....
het achterwerk

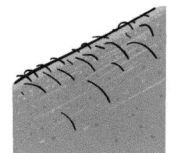

pell
....
de huid

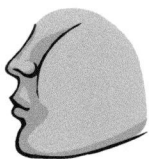

galta
....
de wang

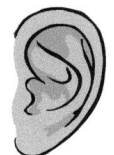

orella
....
het oor

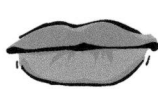

llavi
....
de lippen

cos - het lichaam

boca
de mond

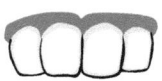

dent
de tand

llengua
de tong

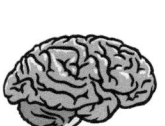

cervell
de hersenen

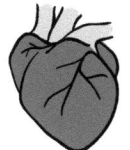

cor
het hart

múscul
de spier

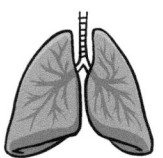

pulmó
de long

fetge
de lever

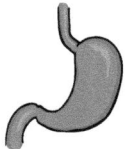

estómac
de maag

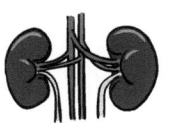

ronyó
de nieren

relació sexual
de geslachtsgemeenschap

preservatiu
het condoom

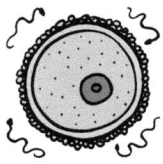

ovari
de eicel

semen
het sperma

prenyat
de zwangerschap

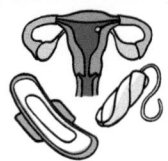

menstruació

de menstruatie

vagina

de vagina

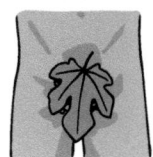

penis

de penis

cella

de wenkbrauw

cabells

het haar

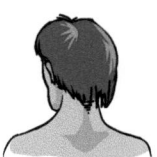

coll

de hals

hospital
het ziekenhuis

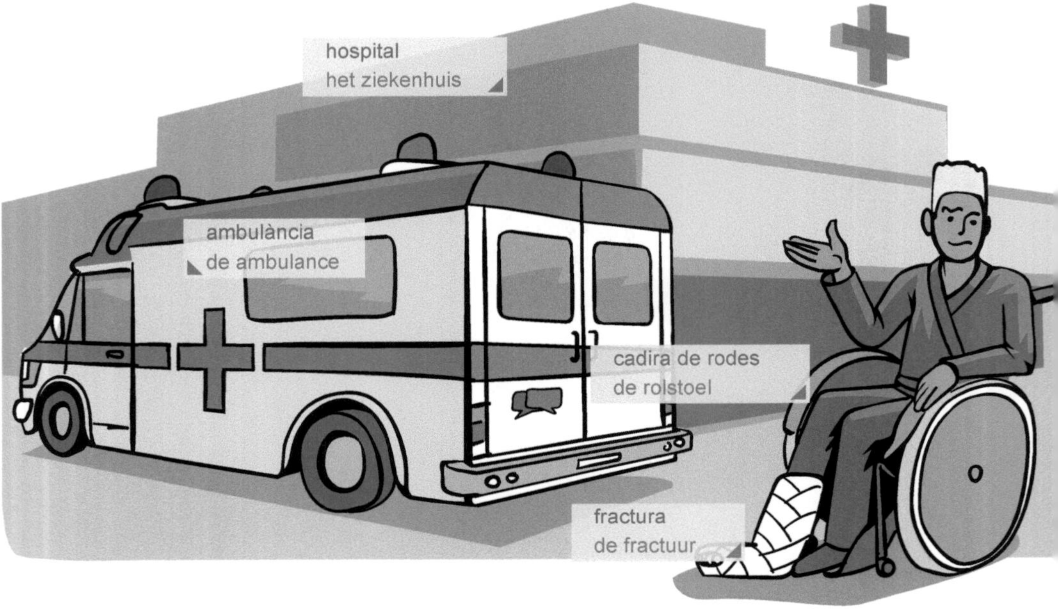

hospital
het ziekenhuis
ambulància
de ambulance
cadira de rodes
de rolstoel
fractura
de fractuur

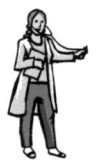

doctora

de dokter

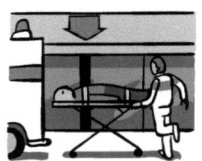

sala d'urgències

de EHBO

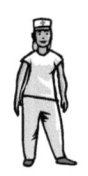

infermera

de verpleegster

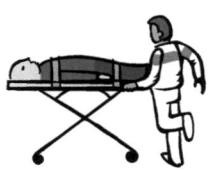

urgència

het noodgeval

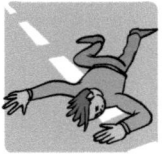

inconscient

bewusteloos

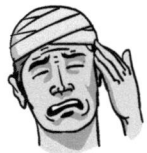

dolor

de pijn

ferida

de verwonding

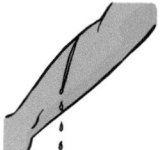

sagnament

de bloeding

atac de cor

de hartaanval

apoplexia

de beroerte

al·lèrgia

de allergie

tos

de hoest

febre

de koorts

gripa

de griep

diarrea

de diarree

mal de cap

de hoofdpijn

càncer

de kanker

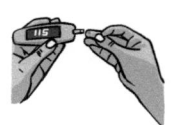

diabetis

de diabetes

cirurgià

de chirurg

escalpel

het scalpel

operació

de operatie

tomografia computada (TC), TAC
de CT

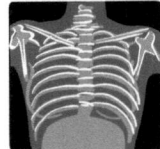

raigs x
de röntgen

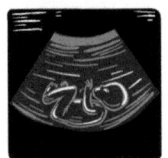

ultrasò
de echografie

mascareta
het gezichtsmasker

malaltia
de ziekte

sala d'espera
de wachtkamer

crossa
de kruk

tireta
de pleister

embenat
het verband

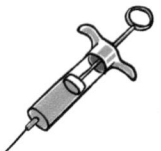

injecció
de injectie

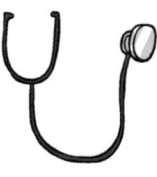

estetoscopi
de stethoscoop

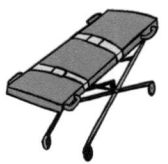

llitera
de brancard

termòmetre clínic
de thermometer

pariment
de geboorte

sobrepès
het overgewicht

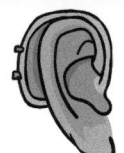

aparell auditiu

het gehoorapparaat

desinfectant

het ontsmettingsmiddel

infecció

de infectie

virus

het virus

VIH / SIDA

(de) HIV / AIDS

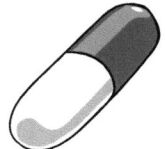

medicina

het medicijn

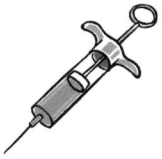

vaccí

de inenting

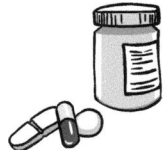

comprimits

de tabletten

píl·lola

de pil

trucada d'urgència

het alarmnummer

tensiòmetre

de bloeddrukmeter

malalt / sà

ziek / gezond

Socors!

Help!

alarma

het alarm

assalt

de overval

atac

de aanval

perill

het gevaar

sortida-eixida d'urgència

de nooduitgang

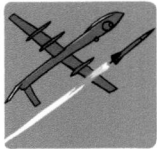

Foc!

Brand!

extintor

de brandblusser

accident

het ongeluk

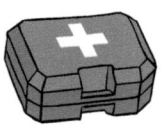

farmaciola de primers
auxilis

de EHBO-koffer

SOS

SOS

policia

de politie

Europa

Europa

Amèrica del Nord

Noord-Amerika

Amèrica del Sud

Zuid-Amerika

Àfrica

Afrika

Àsia

Azië

Austràlia

Australië

Atlàntic

de Atlantische Oceaan

Pacífic

de Stille Oceaan

Oceà Índic

de Indische Oceaan

Oceà Antàrtic

de Zuidelijke Oceaan

Oceà Àrtic

de Noordelijke IJszee

pol nord

de Noordpool

pol sud
....
de Zuidpool

Antàrtida
....
Antarctica

terra
....
de aarde

país
....
het land

mar
....
de zee

illa
....
het eiland

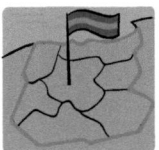

nació
....
de natie

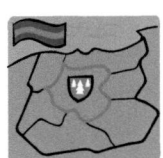

estat
....
de staat

quadrant
......
de wijzerplaat

agulla de les hores
......
de uurwijzer

agulla dels minuts
......
de minutenwijzer

agulla dels segons
......
de secondewijzer

Quina hora és?
......
Hoe laat is het?

dia
......
de dag

temps
......
de tijd

ara
......
nu

rellotge digital
......
het digitaal horloge

minut
......
de minuut

hora
......
het uur

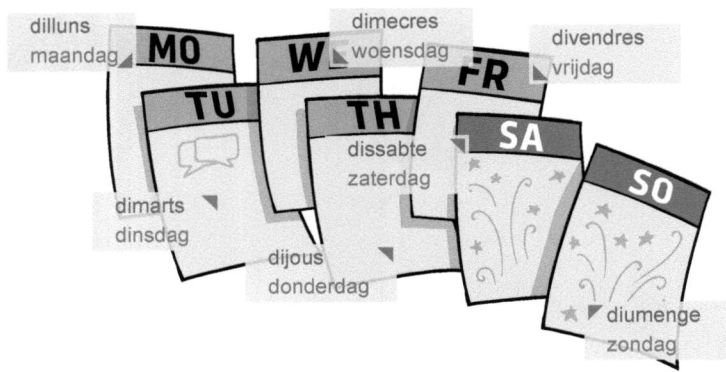

dilluns
maandag
dimecres
woensdag
divendres
vrijdag
dimarts
dinsdag
dissabte
zaterdag
dijous
donderdag
diumenge
zondag

ahir
gisteren

avui
vandaag

demà
morgen

matí
de ochtend

migdia
de middag

tarda
de avond

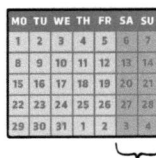

cap de setmana
het weekend

dia feiner
de werkdagen

80

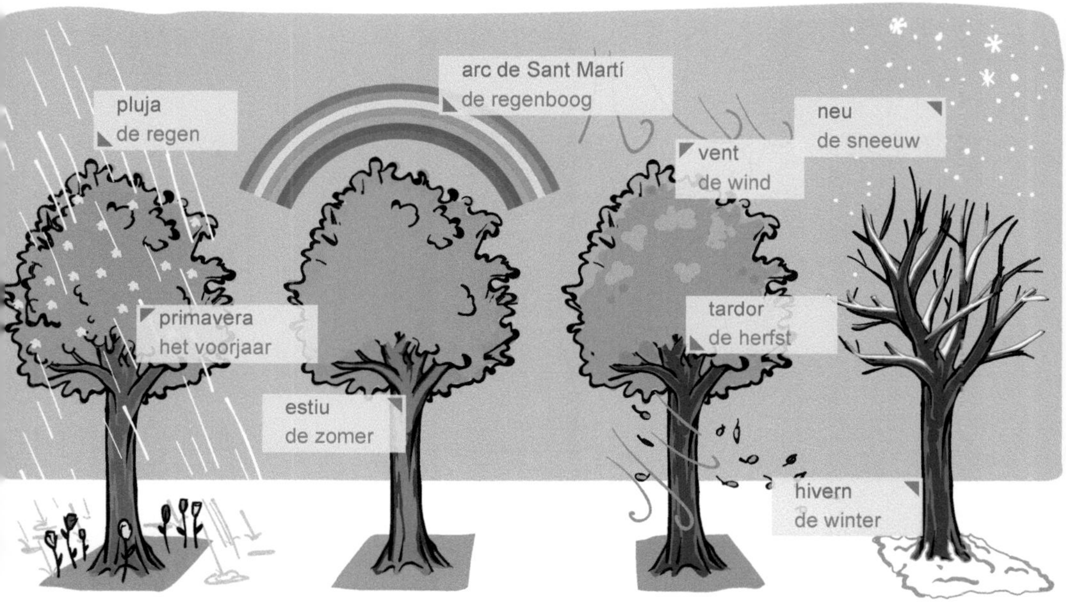

pluja
de regen

arc de Sant Martí
de regenboog

neu
de sneeuw

vent
de wind

primavera
het voorjaar

tardor
de herfst

estiu
de zomer

hivern
de winter

pronòstic del temps

het weerbericht

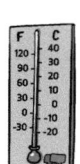

termòmetre

de thermometer

llum del sol

de zonneschijn

núvol

de wolk

boira

de mist

humiditat de l'aire

de luchtvochtigheid

llamp
de bliksem

tro
de donder

tempesta
de storm

calamarsa
de hagel

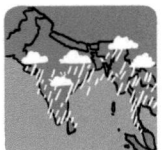

monsó
de moesson

inundació
de overstroming

gel
het ijs

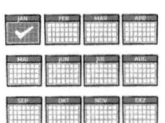

gener
januari

febrer
februari

març
maart

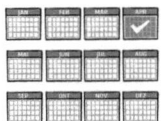

abril
april

maig
mei

juny
juni

juliol
juli

agost
augustus

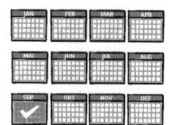

setembre

september

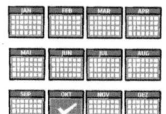

octubre

oktober

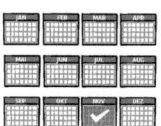

novembre

november

desembre

december

cercle

de cirkel

quadrat

het vierkant

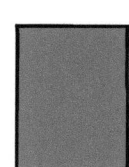

rectangle

de rechthoek

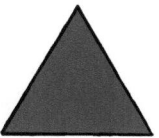

triangle

de driehoek

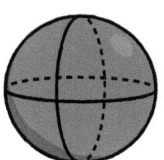

esfera

de bol

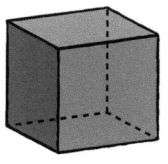

cub

de kubus

colors

de kleuren

blanc

wit

groc

geel

taronja

oranje

rosa

roze

vermell

rood

lila

paars

blau

blauw

verd

groen

marró

bruin

gris

grijs

negre

zwart

molt / poc

veel / weinig

emprenyat / tranquil

boos / rustig

bonic / lleig

mooi / lelijk

començament / fi

begin / einde

gran / petit

groot / klein

clar / fosc

licht / donker

germà / germana

broer / zus

net / brut

schoon / vies

complet / incomplet

volledig / onvolledig

dia / nit

dag/ nacht

mort / viu

dood / levend

ample / estret

breed / smal

comestible / immenjable

eetbaar / oneetbaar

dolent / amable

gemeen / aardig

entusiasmat / entediat

opgewonden / verveeld

gros / prim

dik / dun

primer / darrer

eerste / laatste

amic / enemic

vriend / vijand

ple / buit

vol / leeg

dur / tou

hard / zacht

pesant / lleuger

zwaar / licht

gana / set

honger / dorst

malalt / sà

ziek / gezond

il·legal / legal

illegaal / legaal

intel·ligent / ximple

intelligent / dom

esquerra / dreta

links / rechts

prop / llunyà

dichtbij / ver

nou / usat
nieuw / gebruikt

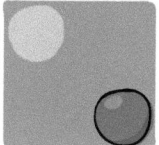

res / quelcom
niets / iets

vell / jove
oud / jong

encès / apagat
aan / uit

obert / tancat
open / gesloten

silenciós / sorollós
zacht / luid

ric / pobre
rijk / arm

correcte / incorrecte
goed / fout

aspre / suau
ruw / glad

trist / content
verdrietig / gelukkig

curt / llarg
kort / lang

lent / ràpid
langzaam / snel

humit / sec - eixut
nat / droog

calent / fred
warm / koel

guerra / pau
oorlog / vrede

0

zero
nul

1

u
één

2

dos
twee

3

tres
drie

4

quatre
vier

5

cinc
vijf

6

sis
zes

7

set
zeven

8

vuit
acht

9

nou
negen

10

deu
tien

11

onze
elf

12

dotze
twaalf

13

tretze
dertien

14

catorze
veertien

15

quinze
vijftien

16

setze
zestien

17

disset
zeventien

18

divuit
achttien

19

dinou
negentien

20

vint
twintig

100

cent
honderd

1.000

mil
duizend

1.000.000

milió
miljoen

anglès

Engels

anglès americà

Amerikaans Engels

xinès mandarí

Chinees Mandarijn

hindi

Hindi

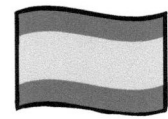

espanyol

Spaans

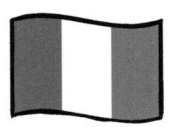

francès

Frans

àrab

Arabisch

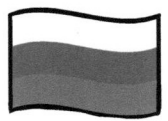

rus

Russisch

portuguès

Portugees

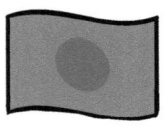

bengalí

Bengalees

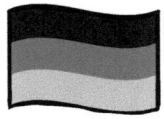

alemany

Duits

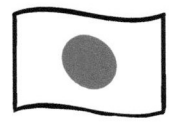

japonès

Japans

jo
ik

tu
jij

ell / ella / allò
hij / zij / het

nosaltres
wij

vosaltres
jullie

ells
zij

qui?
wie?

què?
wat?

com?
hoe?

on?
waar?

quan?
wanneer?

nom
de naam

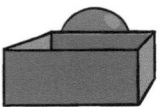

darrere

achter

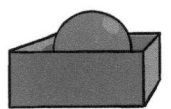

en

in

davant de

voor

damunt

boven

sobre

op

sota

onder

al costat

naast

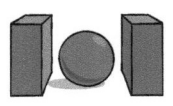

entre

tussen

lloc

plaats